조은미 제2시집

# 쉼, 그 언저리

이 도서의 국립중앙도서관 출판예정도서목록(CIP)은
서지정보유통지원시스템 홈페이지(http://seoji.nl.go.kr)와
국가자료공동목록시스템(http://www.nl.go.kr/kolisnet)에서
이용하실 수 있습니다. (CIP제어번호 : CIP2018010894)

조은미 제2시집

# 쉼, 그 언저리

순수

◆ 시인의 말

## 두 번째 시집을 내며

첫 시집을 내고 4년이 흘렀다.
시인이라는 수식어는 여전히 남의 옷을 입은 듯 어색하기만 하다.
여물지 못한 내 분신들을 세상에 내놓기에는 부끄러워서 망설임의 시간이 길었다.

어제의 내 모습이 변함없는 오늘의 내 모습이듯 내 삶 속에서 들리는 소리들을 들리는 그대로 담아 보았다.
시란 억지로 쓰는 게 아니라 주변의 모든 것들과 함께 같은 눈높이로 사랑하며 살아가는 삶 자체가 아닐까 싶다.

언제나 시와 더불어 시처럼 살고 싶은 진솔한 내 삶의 고백들이 따뜻한 교감을 이루어 누군가의 가슴 속에서 기쁨과 잔잔한 쉼의 여유가 될 수 있기를 간절히 바라는 마음으로 감히 두 번째 시집을 용기를 내어 엮는다.

2018년 3월
유명산자락 담소의 뜨락에서
조 은 미

**차례**

◆해설/정연수 • 132
◆시인의 말 • 11

## *1* 꽃비 세레나데

꽃비 세레나데 • 21
여울목 • 22
긴기아 난 • 23
영산홍 • 24
보라 바람 • 25
양귀비꽃 • 26
한여름 밤의 꿈 • 27
비 • 28
음악 분수 • 29
구름 • 30
성묘 • 31
아람 • 32
만추 • 33
올 벼 • 34

제 맛 · 35
가을 전주곡 · 36
가곡의 밤 · 37
은어의 가을 · 38
가을 바다 · 39
겨울나기 · 40
나목 · 41
12월의 길목 · 42
겨울 초상 · 43
초겨울 밤의 꿈 · 44
온천탕 · 45
기다림 · 46
눈 내리는 아침 · 47
경계 그 사이 · 48

## $2$ 흔들의자

빈 집 · 51
실수 · 52
시간의 묘약 · 53
가시 방석 · 54
의심 · 55

소박맞은 새벽 • 56
흔들의자 • 57
저녁노을 • 58
황색 경고등 • 59
조각난 하늘 • 60
무명시인 찬가 • 61
구피의 자유 • 62
쉼 그리고 또 내일 • 63
길 • 64

## 3 눈 속에 뜨는 별

가교 • 67
커피의 나이아스 • 68
고독 외출 중 • 69
거울 • 70
얼굴 • 71
뿔 • 72
포옹 • 73
비밀 • 74
눈 속에 뜨는 별 • 75
쉼표, 그 언저리 • 76

뇌파 · 77
화시아타 모정 · 78
아름다운 동행 · 79
시니어 아카데미 · 80
사랑 · 81
시간을 거스르며 · 82
달맞이꽃 · 83
빈 둥지 · 84

# 4 순간 포착

컵 속의 고구마 · 87
승강기 · 88
고추지 · 89
시계 · 90
순산 · 91
날개 단 머윗대 · 92
열무김치 · 94
열무비빔밥 · 95
순간 포착 · 96
축구공 · 97
탁구공 · 98

야구공 • 99
골프공 • 100
해후 · 1 • 101
해후 · 2 • 102
지구 • 103
화산 • 104
달 • 106
꽃 • 108
돌 • 110
바늘 • 112
봄 • 114
뿌리 • 116

# 5 새벽은 어디쯤

골방의 평화 • 119
새벽은 어디쯤 • 120
아! 대한민국 • 121
문 • 122
달팽이 몸 풀기 • 123
하늘이 별 건가 • 124
신기루 • 125

인형 • 126
중독 • 127
부두 • 128
수평선 • 129
새 아침 • 130
일출 • 131

1부

# 꽃비 세레나데

# 꽃비 세레나데

꽃구름 속
달빛 잠기고

손끝으로 전해지는
따사로움

기지개켜던 바람
마른침 삼키며
깊은 숨 내쉬면

하얀 너울 꼬리 단 살별
꽃비 되어 내린다

별똥별
가슴에 명중이다

## 여울목

봄비
자목련 보랏빛 머무는 시간

꽃다지 노란 너울
봄빛 설레이는 들판

추억을 삼킨 여인
가슴에 해일이 인다

## 긴기아 난


맨낯으로 견뎌 온 겨울
인내 익어 가는 시간

소담한 나비 떼 화사한 눈짓
봄볕에 풀어 놓는 춤사위

공간 삼키는 향기
취기 도는 4월 어느 오후

# 영산홍

버선발 뛰어나와
살포시 여는 옷섶
연분홍 속살
흐드러진 미소

어느새 꽃 진 자리
살 내음 남긴 추억
아쉬움 더듬는다

## 보라 바람


라일락 보라 바람

마른 가슴

선인장 가시 진분홍 꽃이 핀다

## 양귀비꽃

고혹적인 입술
기다림에 지쳐
빨갛게 터져버린 심장

네 속에 그 열정 감추느라
속이 그리 까맣게 탔구나

## 한여름 밤의 꿈

앵-~~~~
한밤중 잠 깨우는 처연한 구애

치익~~~~~~
한 방에 쯧쯧

자리 가림도 못하는
미련한 곰 같은 녀석

# 비

기다림 익어 하늘 오르던 날
발 아래 까마득한 세상

쉼표 없는 방황
내려덮는 허탈감

추락의 불안
먹구름 우울의 늪

다시 돌아와 안기는 실개천
바위틈 간질이며 흔들리는 미소
햇살 아래 하얗게 웃어본다

# 음악 분수

막바지 여름 투정
소슬바람 다독이는 저녁 답

흐르는 선율
요염한 포물선 군무

물보라 파편
농염한 사랑
넋 잃은 바보가 되는

# 구름

가을 들어찬 하늘

한 점 구름

응어리진 그리움
비워 낸 가슴

어느새
하얀 새 되어 난다

# 성묘

추석 성묘길
먼저 지키는 국화꽃 한 다발
누가 다녀갔을까?

이름 없는 가슴
아직 남은 온기

국화꽃 닮은 미소
비문에 아롱댄다

## 아람

가시 창 세운 밀실
갈바람
스치기만 해도 벌어지는 입술
풀숲에 알몸 숨긴
한낮의 정사

# 만추

갈대숲 파도
수줍은 치맛자락 흔들어 놓고

깊어진 가을 하늘
붉은 저녁 놀 거센 포옹

그대도
나처럼 취했구려!

## 올 벼

풋풋한 초록 바람 고개 쳐든 틈새
저 들녘의 이방인

눈부신 햇살 아래
또 하나의 가을을 여는구나

# 제 맛

손바닥 올라앉은 사과 한 알

풍만한 가슴
깨물어 주고 싶은 볼

아삭 한 입
햇살 씹히는 소리

# 가을 전주곡

황토방
돗자리 풀 냄새
원시의 공간

풀벌레 노랫소리
휘감는 별빛 유혹
툇마루 내려서 밤을 밟는 여인

그리움 저 끝
하얀 미소

그 얼굴
어제인 듯 다가선다

## 가곡의 밤

국화 향기 헤집고
가슴에 명중하는 음표들

순간

사로잡힌 가을
포로가 된다

## 은어의 가을


햇살 뒹구는 초록 잔디
색색 옷 갈아입고
들꽃 한 아름 벙그는 한낮

시간을 거슬러
은빛 비늘 파닥이는 은어
까르륵 웃음소리 하 날고

카메라 렌즈
여인의 가을
함초롬히 익어간다

# 가을 바다

여름 다녀간 바닷가
하늘 내려와 안기고

홀로 남은 백사장 따라오는 발자국
바람도 슬몃 목마 탄다

서리서리 외로움 토해 내며
갯바위 부딪쳐 부서지는 파도

밤새 응어리진 아픔 삭이며
새벽 어스름 뚫고

한 덩이 해
밀어 올린다

## 겨울나기


가을 안았던 추억

살기 위한 몸부림
생살 떨궈낸
젖은 가슴

봄도 따라와 눕는다

# 나목

순리에 순응하는

벗은 몸
순수 안에 희망 가두고

그렇게 겨울을 견딘다

## 12월의 길목

훌훌 벗어 던진
시간의 껍질

저마다 다른 빛깔

어느새
가슴 속
제 둥지 틀고 있다

## 겨울 초상

대학로 무료급식소
찬바람 속 늘어선 노인들 사이

모자 눌러쓴 젊은 사내
빈 눈동자

두 손에 받쳐 든 김칫국
얼어붙은 거리 녹이고 있다

## 초겨울 밤의 꿈

홀연히 잠 깨어
내다본 창 밖

아련한 꿈길
달콤한 입맞춤

허전한 옆자리
별빛도 추워서 떠는 밤

# 온천탕

희뿌연 수증기
뽀얀 속살
맨몸으로 느끼는 42도

겹겹이 쌓인 마음의 때

이태리타월
한 꺼풀 욕심도
밀어내고 있다

# 기다림

가을 다녀간 자리
뚫려진 구멍마다
알알이 영글던 설렘

순결한 미소
구겨진 종잇장처럼
빈 껍질만 남아

눈가 짓무른 얼굴
뼈만 남아
목이 꺾인 채
빈 웅덩이 꿋꿋이 지키고 서 있다

허기 참고 다독이는
하얗게 드러난 어깨 위
저만큼
한 걸음 가까이 다가서는 봄

# 눈 내리는 아침

눈부신 순결로 태어나기 위해
얼마나 오랜 시간 버리는 연습을 했을까?

새털처럼 가벼워진 영혼
새하얀 넉넉함으로
영원한 순수의 갈증 채운다

창 밖엔 아직 눈이 내리고 있다
살포시 다가가
그대 가슴에 눈이 되고 싶은 아침

## 경계 그 사이

동서울터미널
승차 시간 1분전
꼼지락 파란 신호등마저 약올리는

헉헉 심장 터지는 소리
스치는 차창 밖
잔설 남아 있는 무심한 겨울 눈짓

2부

흔들의자

# 빈 집


오랜만의 해후
벽난로가 차다

무서리 내린 새벽

푸른 별빛
내 가슴 속에서 녹고 있다

# 실수

무심히 탄 지하철
낯선 풍경

조바심마저 외출한 저녁

모난 마음 한 귀퉁이 잘라내어
공 하나 굴리며 되짚어 돌아온다

# 시간의 묘약


곪았던 상처
스스로 삭이며 아무는 계절

송곳 찔린 자리
어느새 딱지가 앉는다

## 가시 방석

번뜩이는 타인의 눈
실종된 자아

헐꺼덕거리는 남의 신발
나란히 벗어놓고

편안히 등 기대고
내 자리에 앉는다

# 의심

눈도 없이 귀만 큰 괴물

온몸에 가시 세우고
입에 발 달고 달린다

끝없는 심연
그 끝은 어디일까?

# 소박맞은 새벽

초침소리
상념
허공을 날고

밤을 삼킨
물먹은 솜

턱 받치고
샛눈 뜨는 새벽

쌩
외면하고 돌아눕는다

# 흔들의자

팽팽한 활시위
초록 심호흡

노을 자는 창가
심장 깊숙이 가라앉는 뇌파

서서히 가슴에 물기 차오른다

# 저녁노을

거실 창가 햇살 이운 자리
시간의 그물 추억을 깁는다

지난날 돌아보며
조금씩 피어나는 미소

해가 머무는 가슴
내일을 잉태한다

# 황색 경고등

빗소리도 잦아든 한밤
커튼 넘어 옆 환우 코고는 소리
또 다른 이웃 간헐적인 신음소리

동공은 점점 더 크게 열리고
다리를 구부릴 수 있었으면
정지된 당연한 일상 소망이 된다

한 치 앞도 내다볼 수 없는 인간의 연약함
우선순위 뒤바뀌어 살았던 분주함
사면의 벽에 갇혀 고삐를 늦추며
비로소 노란 경고등 앞에 겸허해진다

남의 손 아니면 한 발자국도 뗄 수 없는
내 손으로 글을 쓸 수 있음만도 감사하며
오직 한 분 나의 모든 것 아시는
그 분 앞에 간절히 엎드리며 새벽을 연다

## 조각난 하늘

빗살 세운 블라인드 틈새
조각난 하늘

다시 이어질 것 같지 않은

줄을 잡고 하늘을 끌어올린다

여전히 그 자리에
하늘은 하나인 것을

# 무명시인 찬가


이름 없어 좋다
얼굴 없어 좋다

내 모습 그대로
들리는 그대로

누군가 한 사람
내 시 앞에 행복하다면

귀한 걸음
한 상 차려 대접해도 좋으련만

## 구피\*의 자유


평화가 숨쉬는 자박지 울안

날개 단 욕망

차가운 마룻바닥
널브러진 자유
하얗게 시든다

\*열대어의 일종

## 쉼 그리고 또 내일


낮이 허물어지는 경계
마디마디 삭신의 반란

빛이 닻을 내린 횡간
몸을 잠그고 마음을 헹군다

내일을 위한 푸닥거리
새벽 여명 서서히 밝아온다

# 길

시골집 앞마당
자목련 피었다는 소식

텅 빈 고속도로
달음질치는 설레임

길목을 지키는
화사한 꽃바람

발목 잡힌 길 위에서
꽃비를 맞고 싶다

# 3부
# 눈 속에 뜨는 별

# 가교

카톡으로 전해지는 하트 하나
닫혔던 빗장 열리는 소리

마주 눌러 보내는 검지의 화답

꽃 진 자리
파릇한 새 움 돋는다

# 커피의 나이아스

손끝 타고 초겨울 숨쉬는 오후
낙엽 구르는 아스팔트

커피숍 밀고
함께 들어선 바람
사랑의 로망스
커피라떼 하트 속 시나브로 녹아들고

달달한 내 젊은 날
목젖을 타고 내린다

# 고독 외출 중

열정

오늘도 내일도

너는 나의 폭풍이 된다

## 거울

술잔이 길을 낸다
해를 마시는 가슴

넥타이 풀어헤친 단춧구멍 사이
환히 비춰는 그대 심장

# 얼굴

시간이 굴러간 자리
다져진 단층

자물쇠 걸어 잠근 틈새

머리카락 보인다
네 안에 숨은 너

# 뿔

깨어지지 않는 자아의 벽
안으로 자라는 고집
어느새 뾰족한 뿔이 된다

쏘는 듯 내뱉는 입술의 가시
되갚음 삭이며
따스하게 품어주는 미소

말없이 내어주는 옆자리
미안한 마음
서서히 뿔이 녹아내린다

# 포옹


가슴과 가슴의 입맞춤
실핏줄 타고 흐르는 전율

귓불에 돌아드는 심장의 고동소리
날개 접은 영혼

달콤한 솜사탕
입술에 녹는다

# 비밀

몰래 뿌리고 간 사랑의 꽃씨
따스한 눈짓에 요만큼
싱긋 웃는 미소에 이만큼

살며시 다가와 흔드는 바람
코끝에 내려앉는
페퍼민트 향기

# 눈 속에 뜨는 별

그리움 닻 내린 포구
따사로운 가슴의 온기
귓불에 불어주는
입술의 밀어

사랑은 손끝 타고 흐르고
고동치는 심장의 박동
서로의 눈 속에
별 하나 뜬다

# 쉼표, 그 언저리


녹음 드리운 공원 오솔길
초록 마음
어깨를 맞대고 걷는다

소꼴 베고 돌아오던
소년을 기다리던
아스라한 그리움

시간의 두께 만큼 깊어진 여울목
마주 보는 눈 속
단발머리 소녀 아른대는

# 뇌파

심장의 텃밭
떨어진 씨앗 하나
살며시 내린 뿌리
잎이 돋고 꽃이 핀다

실핏줄 타고 흐르는
뇌의 파동
사랑이 숨가쁘게 달려오고 있다

## 화시아타* 모정

거친 삶 올곧게 마른 날 견뎌내며
제 살 나눈 초록 새순 진액마저 내주고
찢기는 난산의 진통 앙다물고 참아낸다

홀쭉해진 뱃가죽 쓸어내는 허한 손길
누렇게 버석대는 빈 마음 다독이는
울 엄니 앙상한 손마디

*파인애플과에 속하는 관엽 식물

## 아름다운 동행

잡히지 않는 실루엣
눈 감으면 잡힐 듯

한 발자국 가까이
쿵쿵대는 심장 소리

# 시니어 아카데미

구르는 세월 닳아진 귀퉁이
둥근 얼굴 둥근 마음
서로 안에 사는

푸근한 미소
따스한 눈짓
넓어진 가슴

사랑의 줄 하나 되어
은빛 날개 퍼덕이며
마주 보는 눈 속엔
파란 하늘 들어와 산다

# 사랑

가슴 밑바닥
송곳 하나 깊숙이 꽂히는 전율
심장 무너져 내리는 소리
심 쿵

## 시간을 거스르며

아스라한 기억 너머 고향집 실개천
발장구 아롱지던 메기의 추억

단절된 시간
여전히 그 자리에
그렇게 서 있는

맥문동 보랏빛 안개 너머
가슴에 꽂히는 큐피드 화살 하나

# 달맞이꽃

해가 아직 중천인데
기다림 길어진 한숨

참을 인 열 번 세며
보고픈 맘 목까지 차오르면

환히 얼굴 내미는

속내 활짝 열고
마주 웃어 주어야지

# 빈 둥지

전화선 타고 전해 오는
둥지 떠난 새끼 고단한 몸짓

찌르르
한 줄기 유선을 휘도는 아픔

길 건너 카페
불빛도 차다

# 4부
# 순간 포착

# 컵 속의 고구마


작은 둥지
줄기마다 영그는 초록 환희

뿌리내릴 한 치 땅
먼 나라 꿈

자족의 엷은 미소
잎새 머무는 햇살

# 승강기

아득한 어지러움
덜커덩 가슴 내려앉는 소리

추락의 끝점 앙다문 입술

끊임없는 시작
또다시 일어나 비상한다

# 고추지

옆집 처자
홍치마 단장하고
시집간 지 언제인데

초록 뽀송한 볼
찬 서리 시린 마음
처녀 귀신 면해 줄까

간장 설탕 식초 오롯이 섞어
짠맛 신맛 단맛 오묘한 조화 속
설익은 몸 골고루 인생의 맛 배어들면
어화둥둥, 홍치마 입고 시집간 게 대수랴

사람 입은 다 한 가지
햅쌀 밥 한 수저 고추지 아삭 한 입
밥도둑 따로 없네
임금님 수라상도 부러울 게 없어라

# 시계

채워지지 않는 허기
절름발이 달음질 다리도 아프련만

한 바퀴 돌아오면 제자리에

발자국 마다 남긴 추억
나의 시간 안에 갇힌 당신

# 순산

호박꽃도 꽃이련?
갖은 멸시
속마저 노랗게 곪더니만

꼭 저 닮은 달덩이 순산한
대견하고 기특한 내 새끼
가마솥에 불 지피고 미역국 끓여 주마

# 날개 단 머윗대

빗방울 품은 구름
소박으로 내치고
목 타는 대지
제 욕심만 챙기는 해님

바스락대는 바람
흉이라도 보는지
논두렁 돌아앉은 머윗대
구시렁대는 소리

텅 빈 오후
머위 한 움큼
넓두리 함께 담아
칼끝으로 도려낸다

물기 없이 마른 땅
버텨온 뚝심
뻣뻣한 자존심
설설 끓는 물 데쳐내

껍질 벗긴 노란 속살

간장 파 마늘 들기름
조물조물 궁합 맞춰
한소끔 잠재우면

속속들이 스며드는
어머니 손맛
아련한 그리움
잇새에 씹힌다

# 열무김치

아삭 아삭
조심조심

파 마늘 들러리
까나리 액젓 길잡이
고춧가루 꽃단장
밀가루풀 하님

오매
허벌나게 고운 것
열무김치 시집 가는 날

## 열무비빔밥

한가한 이른 저녁
하품 하는 빈 테이블

열무 비빔밥 눈인사
화답하는 침샘

무생채 콩나물
열무김치 들기름

양푼이 후한 인심
고추장에 쓱쓱

속정 깊은 고소함
새빨간 열정

한 수저 듬뿍 퍼올린 자화상
혀끝에 녹는다

# 순간 포착

시선이 머무는 곳
마음도 머물고

사각 파인더 갇힌 세상
영혼의 교감

불꽃 이는 눈
적막 깨는 셔터소리
전이 되는 혼의 전율

정지된 찰나
살아서 춤추고
생명 하나 걸어 나온다

# 축구공

타고난 맷집
상처 받지 않는 영혼

차일수록
더 익어가는

## 탁구공

벤뎅이 소갈딱지

받은 만큼 돌려주는

# 야구공

아니 그렇게 맞아도 안 아픈 겨?
미련 곰퉁이 인지
오기인지

세상 어디 맘대로 되간디?
내가 맞아야 사는 놈 있다우

# 골프공

세파에 부대낀
인고의 시간

질시의 눈
숨겨진 눈물

스러지지 않는 자존심
올곧게 세우고

높이 오를수록
해를 닮는 가슴

# 해후 · 1

꽃 진 자리 아련한 추억
까닭 모를 허탈함
아침 마다 꼭지 마른 잎이 진다

가슴앓이 끝나는 날
봄이 다시 오련만

## 해후 · 2

배추 흰 속대 숙주나물
팽이버섯 저민 쇠고기

항아리보다 깊은 장맛

따사로운 수다
뽀글뽀글
냄비 속에 익어간다

# 지구

**지구 · 1**
개가 판치는 세상
빙글빙글

그래도
태양 향한 초심은 잃지 말구려!

**지구 · 2**
멀리 바라보면 둥근 그 마음 알 듯도 한데
품에 안기면 속을 알 수가 없는

**지구 · 3**
함께 있을 땐 너무나 당연하여 무심했던
그러나 떠나서는 살 수 없는 꼭 누구 닮은

**자구 · 4**
가진 것 다 내어주는
천하의 바보

# 화산

**화산 · 1**
첫눈에 빠져 버린 너
용틀임하는 휴화산
시뻘건 마그마
녹아 내린 심장
버섯구름 핀다

**화산 · 2**
살포시 포개지는 입술
세포마다 춤추며 열리는 소리
꼭지점
폭발 1초전

화산 · 3
앙금처럼 가라앉은 찌끼
터뜨리면 시원할 줄 알았는데
구멍 뚫려 굳어진 용암 사이
바람마저 시리다

화산 · 4
고단한 하루
태양의 무릎 베고 눕는 시간
내일
화산재 맑게 걷히겠지?

# 달

달 · 1
실상을 찾아 헤매는 그림자

달 · 2
두 손 모아 비손하는 염원의 사다리

달 · 3
한밤중 감겨드는
호수의 떨리는 유혹

**달 · 4-초승달**
구름 휘장 뒤 숨어
실눈 뜨는 수줍은 얼굴
무에 그리 급해서
눈썹 하난 떨어뜨리고 나왔나

달 · 5-반달
그 임 닮고 싶어 애태우다 하얗게 타버린 반 쪽

달 · 6-보름달
번철에 드러누운 보름달 노랗게 익어가는 한가위

달 · 7-그믐달
새로운 시작을 위한 내려놓음
손톱만큼 남은 미련

# 꽃

**꽃 · 1**
영산홍 입술 더듬는 볕뉘의 고운 눈짓

**꽃 · 2**
달콤한 유혹 벗어나고 싶지 않은

**꽃 · 3**
유리알 맑은 심장 네 안에 나를 가둔다

**꽃 · 4**
아스라한 기다림 생애 절정의 순간

꽃 · 5
열린 꿀샘 깊숙한 그 곳
그대의 대롱을 꽂아주오

꽃 · 6
꽃 중의 꽃
마음과 마음이 만나는 곳에 피어나는


꽃 · 7
등걸 잠방이 하얀 소금꽃 외할아버지 냄새

# 돌

**돌 · 1**
모난 시간의 흔적

**돌 · 2**
인내의 실상

**돌 · 3**
무뇌아

**돌 · 4**
그 자리 그 모습 그대로 바람을 이긴다

돌 · 5
쨍그랑! 한 치 오차 없는 승부사

돌 · 6
돌 직구 한방 조각난 심장의 파편들

돌 · 7
선택받은 삶 보듬는 손길 머릿돌로 선다

돌 · 8
눈 멀고 귀 먹은 돌이 되고 싶은 날들

# 바늘

바늘 · 1
한 땀 한 땀 아린 속 꿰매는
고통이 지난 자리 아무는 상처

바늘 · 2
평생을 그의 실이 되어 함께 걷고 싶었던
바늘 떠난 자리마다 스며드는 국화꽃 향기

바늘 · 3
손톱 밑 가시
시원한 한판 승부

바늘 · 4
바늘 끝 세워 찔러대는 말의 비수
퍼렇게 멍드는 가슴

바늘5
눈 깜짝할 새 물려버린 욕망의 덫
꿈꾸던 한생이 흔들거리며 손끝에 딸려 온다

바늘 · 6
운명적 낚임
그대 뜻대로

# 봄

**새봄 · 1**
물 오른 목련 내미는 입술
파르르 타고 내리는 전율
하얀 세상 눈을 감는다

**새봄 · 2**
한겨울 버석거리던 말라버린 시간들
봄비 기웃대는 눈짓
매화나무 겨드랑이 날개가 돋는다

**새봄 · 3**
부츠 속에 포로 된 발
따사로운 햇살
발등에도 자유가 춤추는

**새봄 · 4**
토라져 앙다문 입
열릴 것 같지 않던 유리창
햇살의 유혹에 헤벌어진 입술

새봄 · 5
약지에 끼어보는 에메랄드 반지
봄바람에 가슴마저 초록으로 물드는
오후 2시

새봄 · 6
어깨를 짓누르는 겨울의 껍질
분홍 셔츠 풀어헤친 단추 사이
봄이 들어와 안긴다

새봄 · 7
조강지처 김장김치 물리는 권태기
혀끝에 녹아나는 달래향 봄동

# 뿌리

**뿌리 · 1**
눈 감으면 아른아른 가슴에 사는
할미! 깊은 곳 타고 내리는 맑은 눈짓

**뿌리 · 2**
근원을 향한 목마름
점점 더 깊이 촉수를 뻗어가는 질긴 생명력

**뿌리 · 3**
한 점의 시작
면면히 이어온 선의 역사

**뿌리 · 4**
지울 수도 벗을 수도 없는
숙명의 고리

**뿌리 · 5**
나를 안았던 젖가슴
점점 수액이 말라 가는 줄기 사이
파란 잎사귀 둘 뿌리 내리며 뻗어간다

5부

새벽은 어디쯤

## 골방의 평화

제 욕심 채우려는 멀미나는 세상 소리
눈도 귀도 닫아걸고 어둠의 장벽 세워
닻 내린 위리안치 9시 뉴스 시간

*위리안치: 옛날 귀양 간 죄인을 도망가지 못하게 가시 울타리를 만들어
 가두어 두는 것

# 새벽은 어디쯤

질펀한 무당춤 한바탕 사원 굿판
대주는 쓰러진 채 일어설 기미 없고
어둠은 숨막히게 내려덮는데
일순간,
뚝 부러지는 서까래
기우는 지붕 어떻게 세울까?

# 아! 대한민국

두 동강 난 허리
잿더미 속
날개 달고 추던 춤

구름이 해를 삼켰는가?
낮인 듯 밤인 듯

# 문

깜깜한 새벽
어둠을 여는 문이 되겠다고
벽마다 길게 늘어선 문들의 행진
속내 감추고
활짝 웃는 얼굴들
저마다 바로 여기라고 손짓한다

여길 봐도 저길 봐도 마음 주기 마뜩찮은
행여 덫으로 들어가는 문은 아닐는지
아침을 열어 줄 문이 있기는 한 건지

희망의 심지 돋우고
속 타는 기다림 두 손을 모은다
누가 깨우지 않아도
정녕 새 날은 밝아 오고 있겠지?

## 달팽이 몸 풀기

차벽 너머 꽉 닫힌
달팽이 집 깊은 동굴

햇살도 오금 저린
파란 대문 잠긴 빗장

끊어진 소통의 다리
촛불 밝혀 잇는다

## 하늘이 별 건가

비취빛 깊은 속
뉘라서 알까 만은

발 딛고 선 자린
내 하늘

고개 들고
팔 벌리면 한 줌

# 신기루

해 하나 치마에 받던 날
에미의 젖가슴
사랑으로 버무린 희망 익어 간다

시간의 길이만큼 커 가는 어깨의 무게
현실의 벽 저 끝 잡힐 듯 펼쳐지는
다가서면 한 발 멀어지는 신기루

산 그림자 마주한 젊은 태양
빈 가슴
불꽃이 인다

# 인형

강요된 사랑의 일방통행
채움이 비움 되는 허상

마비된 의지
실종된 자아

블랙홀 빠져드는
대리 인생의 군상들

## 중독


눈 감은 하늘
스몸비* 흔들리는 지문 받아 내는 아스팔트

*스몸비 :길거리에서 스마트폰을 보면서 주위를 살피지 않는 사람

## 부두

사나운 바람
물결의 소용돌이

부러진 돛대 안고
부두로 돌아온다

찢어진 상흔 감싸는
넉넉한 품

해무 걷힌 아침
햇살 눈부시다

# 수평선

하늘과 바다
마주 보는 그림자
소실점의 끝

푸른 빛 경계 허물어지고
끝과 끝 맞닿아
하나의 원이 된다

# 새 아침


빈 바다
온갖 상념 엉킨 실타래

새벽
부시시한 매무새 가다듬고
붉은 연지
생기 도는 입술

하늘이 열린다

## 일출

잿빛 하늘 뚫고
자맥질 하는 햇살

잠겼던 몸 솟구치며
내쏘는 금빛 화살

심장의 과녁 명중하고
어두움 삼킨다

◆해설

# 언어의 경제성을 충족한 시, 신선한 지혜의 청량제
– 조은미 제2시집 『쉼, 그 언저리』를 중심으로

정 연 수
(시인, 문학박사)

## 1. 언어의 경제성과 리듬의 조화

언어의 경제성과 미학은 모든 문학 장르가 요구하는 것이다. 특히 시 장르는 언어의 경제성을 가장 중시하고 있다. 시의 특징으로 얘기하는 함축성이니, 은유니, 상징이니 하는 것들은 언어의 경제성과 가장 밀접한 관련이 있다. 시는 시다워야 하는데, 시답다는 것의 첫째 주문사항이 바로 언어의 경제성이다. 작가의 예리한 시선으로 포착한 대상을 핵심 단어 몇 개만으로 형상화한 글을 시라고 받아들인다. 최소한의 단어로 최대의 효과를 거두는 글쓰기의 으뜸이 시문학 장르이며, 시는 몇 개의 단어만으로도 다양한 의미를 전달해낸다.

언어의 경제성을 중시하는 문학 장르가 시라는 것을 알고 있으면서도 그렇게 창작하는 일은 쉽지 않다. 시의 행을 길게 늘어놓거나, 아예 산문시를 쓰기도 하는 것은 그런 까닭에서다. 할 말이 점점 많아진 세상 때문인지,

함축적인 시를 쓰는 힘이 부족한 때문인지, 우리는 짧은 시를 쉽게 만나지 못하고 있다.

사실, 단어 몇 개로 모든 것을 형상화하는 작업은 긴 글을 쓰기보다 훨씬 더 어렵다. 젊어서 짧은 시를 쓰던 에드윈 A. 로빈슨 시인은 나이가 들면서 점점 시가 길어졌는데, "나이가 예순이 넘고 보니 시를 짧게 쓰는 것이 너무 힘들구나"라고 토로했을 정도이다.

조은미 시인의 이번 시집에 나타난 특징은 시가 짧다는 것이다. 시문학 장르가 최고의 덕목으로 꼽는 언어의 경제성을 충실히 지킨 점에서 반갑기 그지없다. 이 시집을 읽는 독자도 분명, 반가운 마음으로 책장을 넘길 것이다. 작가는 늘 표현 욕구에 사로잡혀 있다. 그 욕구를 자제하면서, 짧은 시행으로 대상을 표현하는 일은 정말 쉽지 않은 일이다. 더구나 말과 글이 너무 넘치는 정보화 사회를 사는 우리 세대에겐 더욱 그러하다. 짧은 시행을 통해 조 시인이 보여준 절제 있는 시는 독자에게 신선한 청량제가 될 것이다.

라일락 보라 바람

마른 가슴

선인장 가시 진분홍 꽃이 핀다

-「보라 바람」전문

단 3행의 시로 구성된 작품이다. 한 행이 하나의 독립

연으로 구성되어 있으니 시인이 의도적으로 행과 연의 휴지부에 관심을 많이 기울였다는 것을 알 수 있다. 연과 연 사이의 의미 단절뿐만 아니라 같은 행 속에서도 시어와 시어 사이의 거리가 가깝지 않다. 조 시인은 시의 언어미학 중에서도 필수 요소로 꼽는 텐션(tension)을 중시하고 있다는 것을 확인할 수 있다.

텐션은 외연과 내포 사이에서 이루어지는 긴장감을 뜻한다. 독자는 이 텐션을 통해 언어끼리 부딪치면서 만들어내는 의미를 읽거나, 행간에 숨어있는 의미를 읽으면서 시 읽는 즐거움을 맛볼 수 있다. "팽팽한 활시위"(「흔들의자」)와 제목으로 삼은 '흔들의자'의 역동성이 대조를 이루는 것 역시 긴장이라 할 수 있다. 시가 일상어처럼 모든 것을 다 전달한다면, 독자가 상상력을 발휘할 일이 없는 것이다. 문자가 전달하는 의미(외연)와 그 속에 감춰진 의미(내포)를 파악하는 일이 바로 시를 읽는 즐거움이며, 시인은 시를 쓰는 즐거움일 것이다.

위에 인용한 시작품 첫 행 "라일락 보라 바람"을 보면, 식물 '라일락'과 '보라바람꽃'이 만나면서 다양한 의미의 층위와 색채를 드러낸다. "보라 바람"은 보라바람꽃과 보라(bora)를 함께 연상시킨다. 보라(bora)는 겨울에 추운 지방에서 빠른 속도로 불어오는 차가운 바람을 뜻하는 말이다. 두 번째 행의 "마른 가슴"은 보라를 바람과 연결했을 땐 결국 차가운 바람이 거두어 간 심장을 의미한다. 그리고 보라색의 꽃(보라색 라일락, 보라바람꽃)과 연결했을 때, 다음 행에 등장하는 진분홍색(선인장 꽃)과의 연결고리로 작용한다. 시어와 시어 사이에 긴장이 조성되고, 지칭하는 시어의 의미가 다양한 층위를 지닐수

록 독자의 해석은 더 풍부해진다. 시어와 일상어의 차이가 생겨나는 지점이다.

> 아삭 아삭
> 조심조심
>
> 파 마늘 들러리
> 까나리 액젓 길잡이
> 고춧가루 꽃단장
> 밀가루풀 하님
>
> 오매
> 허벌나게 고운 것
> 열무김치 시집 가는 날
>
> ―「열무김치」 전문

 열무김치와 조화를 이루는 양념들이 '들러리, 길잡이, 꽃단장' 등 움직임이 큰 시어와 만나면서 역동성을 보여준다. 조사도 없이 핵심 시어로만 간결하게 구성했는데도, 시의 리듬이 잘 살아 있다. 언어 경제성과 시적 리듬이 조화를 이루기가 쉽지 않은데, 조 시인의 손길을 거치면 시가 리듬을 탄다. 언어를 조탁하는 조은미 시인의 내공을 확인할 수 있는 작품인 셈이다.
 또한, 이 시는 방언의 묘미를 김치와 잘 버무려 읽는 재미가 맛깔스럽다. "오매/ 허벌나게 고운 것"이 전달하는 토속적 언어(방언)가 전통 음식(김치)과 맞물려 제대로 된 맛을 살렸다. 토속적 정취는 민족적 정서 혹은 지

역적 정서를 반영하고 있어 정겨움을 함께 동반한다. 「가을 전주곡」역시 토속적 색채가 물씬 풍기는 작품이다. "황토방/ 돗자리 풀 냄새"라든가 "툇마루 내려서 밤을 밟는 여인"(「가을 전주곡」)이 전달하는 향토적 색채가 "그리움 저 끝"과 만나면서 한국의 전통적 서정을 잘 그려냈다.

## 2. 비우는 지혜와 시간의 속성

조은미 시인의 시에서는 '빈 곳'에 대한 이미지를 다룬 시가 제법 많다. "빈 껍질"과 "빈 웅덩이"(「기다림」), "빈 가슴"(「신기루」), "허전한 옆자리"(「초겨울 밤의 꿈」), "둥지 떠난 새끼"(「빈 둥지」) 등에서 확인할 수 있는 것처럼 여러 편의 시에서 '빈 곳'이 등장한다. 빈 곳은 외로운 정서와 "길 건너 카페/ 불빛도 차다"(「빈 둥지」)에서 보이는 것처럼 차가운 촉각 이미지를 함께 동반한다. 시인이 즐겨 쓰는 시어에는 그가 지향하는 의식이 담겨 있다. 이번 시집에서 빈번하게 등장하는 '빈 곳'의 의미를 통해 그것이 전달하는 바를 살펴보자.

오랜만의 해후
벽난로가 차다

무서리 내린 새벽

푸른 별빛

내 가슴 속에서 녹고 있다
―「빈 집」 전문

　시의 제목부터 '빈 집'으로 출발한 작품이다. 빈 집을 구성하는 요소는 "벽난로가 치다", "무서리 내린 새벽" 등에서 확인되는 것처럼 차가운 이미지들이다. 그런데 마지막 행에서는 "녹고 있다"를 통해서 차가운 이미지를 극복하고 있다. 벽난로도 데우지 못한 차가운 공간을 녹이는 것은 "내 가슴"이었다. 첫 행 "오랜만의 해후"에서 유추할 수 있듯, 빈 집은 낯선 공간이 아니라 많은 추억을 담고 있는 공간이다. 인정이 부대끼던 삶의 현장이었기에 아무리 오래 비어 있던 공간이더라도 금세 "푸른 별빛"과 만나 따뜻한 온기를 품을 수 있다.

빈 바다
온갖 상념 엉킨 실타래

새벽
부시시한 한 매무새 가다듬고
붉은 연지
생기 도는 입술

하늘이 열린다
―「새 아침」 전문

　조 시인의 빈 곳은 외롭거나 공허한 세계를 보여주지만, 한편으로는 새로운 충만을 위한 빈 곳으로 기능한다.

빈 곳은 충만함을 지향하는 지혜의 공간이기도 하다. "빈 바다"는 "온갖 상념 엉킨 실타래"이지만, '새 아침'을 맞으려는 비우기 과정에 닿아 있다. 그리하여 첫 행의 "빈 바다"는 끝 행의 "하늘이 열린다"와 맞물리면서 의미상 대조를 이루는 한편, '새아침'을 여는 준비과정을 상징한다. 비어 있을 때 채울 수 있다는 삶의 지혜를 전달하는 것이다.

또 다른 시에서도 비워서 얻는 지혜가 등장한다. "눈부신 순결로 태어나기 위해/ 얼마나 오랜 시간 버리는 연습을 했을까?"(「눈 내리는 아침」)라는 구절에서 확인하듯, 버려서 비울 때 새로 태어날 수 있다는 것이다. "새털처럼 가벼워진 영혼"일 때 "새하얀 넉넉함으로"(「눈 내리는 아침」) 충만해진다. 결국, 비우고 버리는 것은 조 시인의 시 속에서는 부정적인 의미가 아니라 긍정적인 세계를 위한 준비 과정으로 작동하고 있다.

> 곪았던 상처
> 스스로 삭이며 아무는 계절
>
> 송곳 찔린 자리
> 어느새 딱지가 앉는다
>
>                 -「시간의 묘약」 전문

시간의 지혜를 직접 반영한 작품이다. 시간이 지나면 절로 상처가 아문다는 의미에서 "시간의 묘약"이라고 부른 것이다. 물론 "스스로 삭이며 아무는" 과정을 감당하는 일은 상처 입은 사람이 겪는 고통이 시간이기도 하다.

아무리 고통스럽더라도 계절이 바뀔 만큼 오랜 시간이 흐르고 나면 "어느새 딱지가 앉는다"는 시간의 지혜를 시화한 것이다. "시간의 길이만큼 커가는 어깨의 무게"(「신기루」)와 같이 빈 곳을 채우는 지혜 속에는 '시간'의 역할이 큰 몫을 하고 있다.

깨어있는 의식은 종종 조 시인의 현실 인식을 반영한 작품 속에서 선명하게 드러난다. "두 동강 난 허리/ 잿더미 속/ 날개 달고 추던 춤// 구름이 해를 삼켰는가?/ 낮인 듯 밤인 듯"(「아! 대한민국」전문)에서는 분단에 대한 역사의식을 함께 반영한다. 분단의 현실을 공간(두 동강), 상황(잿더미), 시간(낮, 밤)으로 구분하여 전달하고 있다. 좌우 이념에 얽매이지 않고, 객관적으로 분단 상황을 바라보는 시각을 통해 지식인 시인으로서의 책무를 다하는 모습을 확인할 수 있다. 이처럼 균형 잡힌 감각은 「수평선」에서도 잘 드러난다. "하늘과 바다/ 마주 보는 그림자/ 소실점의 끝// 푸른 빛 경계 허물어지고/ 끝과 끝 맞닿아/ 하나의 원이 된다"(「수평선」전문)에서처럼 경계를 구분하지 않는 세계관을 보여준다. 하늘과 바다를 구분하지 않고, 수평선의 끝과 끝을 구분하지 않는다. 자아와 타자로 구분하는 이분법적 사고를 넘어서서 "하나의 원"을 만들어내는 것이다.

아니 그렇게 맞아도 안 아픈 겨?
미련 곰퉁이 인지
오기인지

세상 어디 맘대로 되간디?
내가 맞아야 사는 놈 있다우

-「야구공」 전문

축구공, 탁구공, 골프공 등을 소재로 삼아 재미있게 표현한 작품들도 눈길을 끈다. 특히 위에 인용한 야구공은 타자의 상처를 헤아리는 모습을 해학적으로 표현한 점이 신선했다. 조은미 시인은 다양한 시적 소재를 활용하거나, 다양한 표현방식을 통해 시창작법의 변화를 추구하고 있다. 조 시인의 이러한 실험 정신 덕분에 우리 독자는 짧은 시 속에서도 다양한 의미를 찾아내는 즐거움을 맛볼 수 있다. 분명한 것은 조 시인의 시 속에 사람이 살아가는 지혜가 따뜻하게 묻어 있다는 것이다. 이 시집을 통해 독자들이 그 웅숭깊은 맛을 보길 기대한다. "항아리보다 깊은 장맛// 따사로운 수다/ 뽀글뽀글"(「해후·2」)는 세상 속에서 익어가는 조은미 시인의 인정이자, 시인이 지향하는 만남의 세계일 것이다.

순수시선 582

# 쉼, 그 언저리

조은미 지음

2018. 4. 30. 초판
2018. 5. 5. 발행

발행처 · 순수문학사
출판주간 · 朴永河
등 록 제2-1572호

서울 중구 퇴계로48길 11 협성BD 202호
TEL (02) 2277-6637~9
FAX (02) 2279-7995
E-mail ; seonsookr@hanmail.net

· 저자와의 합의하에 인지를 생략함
· 잘못된 책은 바꾸어 드립니다

ISBN 979-11-86171-69-1

가격 10,000원